AF264145

S^r
Lb 917.

6740

DE
LA PAIRIE,

DE LA NOBLESSE,

DES RANGS, DES HONNEURS

et de l'Hérédité,

CONSIDÉRÉS

sous le rapport de l'Économie politique, des Institutions, des Mœurs, des Habitudes et des Besoins de la France de 1831, dans l'Intérêt des Libertés publiques et comme Moyens d'Amélioration des Finances et de l'Industrie;

Par un Ancien Jurisconsulte.

PRIX, 1 FR. 25 C.

A PARIS,

CHEZ LEVAVASSEUR, LIBRAIRE,

Palais-Royal, galerie de Valois;

ET MADAME LARDIÈRE, LIBRAIRE, RUE SAINTE-MARGUERITE S.-G., N. 19.

1831.

Lb51 917

PARIS, IMPRIMERIE DE POUSSIELGUE,
rue de Sèvres, n. 2.

DE LA PAIRIE.

Depuis plus de quarante ans la France s'agite pour asseoir définitivement sa constitution; elle avait sous les yeux depuis plus d'un siècle, lorsqu'elle y préluda, un *gouvernement modèle* que le cours inouï de ses prospérités plaçait dans son estime bien plus haut encore que les éloges de tous les publicistes.

Comment s'est-il fait que nos législateurs de 1789, parvenus à démolir la vieille monarchie française, ne se soient pas arrêtés à l'idée toute simple de la reconstruire sur le même plan que celle d'Angleterre de 1688, et d'en corriger seulement les vices signalés?

Les Anglais avaient mis plus de cinq cents ans à conquérir pied à pied sur le pouvoir absolu ce titre fondamental de leurs libertés.

La révolution de 1789 avait fait pour nous l'ouvrage de cinq siècles.

Elle avait fait bien plus, elle avait renversé ce colosse de la féodalité dont les priviléges déparent et menacent toujours la Charte de nos voisins.

Malheureusement la puissance de tout refaire chez nos premiers constituans fut dominée par cette fièvre de la liberté naissante qui se nourrit d'illusions, manque de prévoyance et voit partout des dangers.

Ils fondèrent leur édifice sur l'égalité des droits, sans tracer assez fortement la ligne des devoirs sociaux.

Ils livrèrent l'autorité du monarque, sans contre-poids, à toutes les empiètemens de la démocratie.

De là ce lamentable essai de la république remplacée par les pompeuses servilités de l'empire.

Dans les deux bouleversemens de 1814 et de 1815, l'esprit public obtient sur la force cette concession inespérée d'un ordre constitutionnel qui semble avoir consolidé pour jamais les libertés de la France par la division des pouvoirs.

Mais bientôt le pouvoir monarchique, mécontent de son lot, conçoit la folle entreprise de l'échanger contre *l'arbitraire* à l'ombre duquel il a régné pendant tant de siècles.

Deux auxiliaires aveugles, le *parti prêtre* et la *faction des courtisans*, travaillent sans relâche à la recomposition insensée d'un régime ancien que lés lumières et les mœurs repoussent à la fois.

Le parti prêtre, en dehors de l'ordre légal, aspire à faire reculer l'esprit du siècle; il exploite les consciences timorées; il prêche la haine des institutions modernes, le sacrifice des propriétés acquises nationalement et de tous les biens temporels en échange de ceux d'une autre vie. Cinq à six mille couvens fondés sur la surface de la France enlèvent à la circulation plusieurs centaines de millions; des dons et legs immenses sont surpris à la piété crédule pour des destinations occultes. L'hypocrisie s'inocule avec l'ambition dans les veines du corps social pour y supplanter la vertu. L'*obscurantisme* menace toutes les intelligences.

De son côté *la faction des courtisans* obsède le trône de ses faméliques regrets : elle exhume, pour le restaurer, le droit divin et toutes ces superstitieuses maximes qui n'avaient admis d'autre loi que la volonté du monarque. Elle organise contre les nouvelles institutions une guerre d'antichambre qui les mine sourdement par le sarcasme, par les hautaines prétentions, par les injurieuses préférences ou les exclusions outrageantes; la Charte est une dérision, ses défenseurs sont de turbulens DOCTRINAIRES.

Tout ce qui a grandi à l'ombre de la liberté et de l'égalité des droits, dans l'active exploitation des arts libéraux, devient pour la jalouse phalange une odieuse superfétation qu'il faut extirper. Ce génie nouveau qui s'est exercé sur la France pour la couvrir d'ateliers producteurs et la combler de richesses est une puissance malfaisante qu'il faut bannir : pour sa proscription le terme d'*industrialisme* est inventé.

De perpétuelles oscillations du gouvernement répandent l'inquiétude dans les masses ; son système de *bascule* fait craindre qu'il ne cherche à les opprimer ; la confiance publique est ébranlée ; le commerce est ralenti dans ses mouvemens, la circulation est obstruée ; un état de malaise et de souffrance général se fait sentir.

Au milieu de ces angoisses déjà prolongées survient tout à coup le brutal manifeste du règne des ordonnances.

Qui a pris les armes pour le foudroyer ? *Le peuple !*

Le peuple, ce n'était pas (ce que supposaient follement les inhabiles agens du despotisme) cette multitude ignorante dont il obtenait jadis une obéissance passive ; c'était une agglomération d'hommes éclairés par la lecture journalière des papiers publics ; c'était la classe ouvrière surtout fortement stimulée par les doléances de ses chefs et les privations de travail..

La révolution de juillet, on ne saurait trop le dire, fut l'œuvre de cette même industrie que les apôtres de l'arbitraire avaient prétendu neutraliser. Le sentiment des douleurs souffertes sous leur influence, la crainte des maux plus grands qu'elle faisait présager, la soif ardente d'un meilleur avenir, voilà ce qui a mis les armes aux mains de ces industriels dont la cause a triomphé.

Ce qui eût été à désirer c'est que dès le lendemain de la victoire les vainqueurs et les vaincus, enfans d'une même patrie, reconnaissant l'abus des agitations qui déchiraient son sein, eussent pu se rallier soudain au principe du salut commun, et réorganiser de concert dans cette vue *tous* les rouages de la machine politique.

Ce qui, en si peu de jours et à la suite de si violentes convulsions, a été reconquis sur l'absolutisme *par les plus sages d'entre les industriels* est déjà immense dans le calcul des garanties constitutionnelles de l'ordre nouveau et des libertés publiques.

Nous en sommes venus en peu d'heures à n'avoir plus rien à redouter de cette royauté héréditaire dont la France est inséparable, quoique nous lui ayons conservé, avec sa coopération aux lois, le droit exclusif de déclarer la guerre, de conclure les traités de paix, d'alliance ou de commerce, de nommer à tous les emplois, de commander les armées et d'administrer seule les finances de l'état.

Nous l'avons dégagée comme par enchantement et de cet entourage de vieux vassaux qui attendaient d'elle la restauration des antiques manoirs féodaux, et de cette tourbe d'éminences sacertodales qui, sous le voile de la religion, allaient jusqu'à lui commander, et rattachaient à la cérémonie du sacre la dette de plusieurs milliards d'indemnité.

Cette grande transaction avec le dépositaire suprême des forces et des richesses nationales, solution inespérée du problème politique si long-temps compliqué par tant de passions, ce chef-d'œuvre de la raison humaine devant lequel l'Europe épouvantée demeure immobile, cette science en un mot du *juste milieu*, que l'esprit de parti s'efforce en vain de déprécier, comment n'a-t-elle pas suffi à la réconciliation de tous les intérêts secondaires et à l'immédiate réhabilitation du commerce, qui est, pour la France de 1831, la pierre angulaire de l'édifice?

Comment? Il est du devoir de tout bon Français d'en rechercher et d'en discerner soigneusement les causes, d'un devoir encore plus sacré d'indiquer franchement les moyens qui sont seuls propres à nous faire sortir d'un reste de tourmente et à conduire le vaisseau de l'état à pleines voiles jusqu'au port de la destination, la prospérité de tous les Français.

De fortes dissidences d'opinion subsistent encore parmi nous, qui semblent nous condamner pour long-temps aux tiraillemens d'une maladie politique; mais ces dissidences prennent leur source dans des affections bien différentes.

Chez les uns elles sont causées par le douloureux souvenir d'avantages sociaux qu'ils ont perdus et qu'ils se flattent de ressaisir en se tenant à l'écart du gouvernement nouveau ou même en contrariant sa marche.

Chez les autres c'est une exaltation d'idées aveuglément empruntées à d'autres époques, à d'autres climats, d'autres mœurs, d'autres élémens de civilisation,

de croyance et d'association des peuples. Dans leur
mode d'organisation des sociétés modernes ils font
abstraction de ce qu'elles sont en effet, ils n'admettent
que ce que leur utopie suppose praticable, sans au-
cunement s'embarrasser des obstacles, que des habitudes fortement contractées leur feront rencontrer à
chaque pas.

Le sort de la génération présente est celui qui excite
le moins leur sollicitude.

A peine songent-ils à ce qu'est la France de 1831 :
ils ne la voient pas divisée comme elle est en deux
grandes classes des producteurs et des consommateurs.

Ils ne s'occupent nullement du grand œuvre de la
vraie régénération, qui consiste *à faire vivre* toute
cette grande population par la mise en harmonie de
ses besoins *du jour* et de ses ressources *acquises.*

Ils ne considèrent pas que la classe des producteurs,
singulièrement grossie par les gens de travail, est
celle qu'il s'agit de protéger pardessus tout, et les vé-
ritables mesures de protection à lui ménager sont loin
d'être en première ligne dans leurs méditations.

Ils oublient que parmi ces producteurs la France,
désormais aussi industrielle qu'agricole, compte plus de
bras occupés par le luxe, par les arts, par les modes,
dont elle est le foyer, que par la culture des terres,
dont la désertion n'est pas la moindre de nos calamités
puisqu'elle dépeuple nos campagnes pour surcharger
nos villes d'aspirans superflus aux emplois de l'industrie.

Ils ne prennent nul souci de cette immensité de richesses mobiliaires qui aujourd'hui dépassent de beau-
coup en France la valeur du sol.

Ils ne calculent pas que de ce riche mobilier la
partie la plus précieuse consiste en machines, métiers
et outils de tous genres assemblés à grands frais par
l'industrie sur mille points divers, que tous ces instrumens sont autant de producteurs *jurés* qui périssent
quand ils cessent de créer.

Songent-ils davantage au funeste déplacement de
tant de capacités qu'employait et qu'alimentait de rou-
lement de tous ces ateliers industriels? Prévoient-ils les

embarras inextricables où si évidemment ils seraient plongés si tout ce monde de travailleurs leur retombait inoccupé sur les bras ?...

Se demandent-ils comment, après avoir laissé périr par le non-usage la majeure partie des fabriques et des usines productives, la majeure partie aussi des instrumens de transport par terre ou maritimes, ils pourvoiront plus tard aux besoins sans cesse renaissans des consommateurs nationaux ? comment ils satisferont aux commandes innombrables qui se pressent du dehors pour enrichir nos manufactures ?

Comptent-ils pour quelque chose cette possession où est la France d'approvisionner l'univers par ses soieries, ses draps, sa bijouterie, son orfévrerie, ses meubles, ses modes, sa librairie, etc., etc. ?

Toutes ces réalités que sont-elles à leurs yeux auprès de leurs théories abstraites ?

Ils rêvent une société meilleure sans doute; mais sur quoi la fondent-ils ? Sur la ruine de la société présente. Tristes Esculapes qui n'arrivent à la guérison que par la mort.

Pour des gouvernans la tâche obligée n'est-elle pas de prendre le corps social avec ses habitudes, ses faiblesses, ses préjugés même; de corriger, de mitiger les imperfections, même de tirer parti de quelques-unes ? *Conserver, améliorer,* telle doit être la devise de tout législateur.

Imbus de ce système et y ralliant toutes leurs pensées, qu'ont à faire en 1831 les modérateurs nouveaux des destinées de la France ?

Au-devant d'eux se découvre un champ vaste sans doute, hérissé encore de graves difficultés. Aucune heureusement n'est capitale. Toutes les bases sont posées; les trois pouvoirs sont constitués, leurs attributions sont réglées; la religion de l'état est proclamée, l'inamovibilité des juges prononcée; le corps de la noblesse est conservé et peut s'accroître; la garde nationale est organisée pour la défense des libertés publiques.

Ce qui divise encore les esprits parmi nous, c'est la composition de la Chambre des Pairs avec le privilége de l'hérédité, c'est la concentration des ressorts administratifs, c'e stsurtout la question vitale des finances.

Dans les dispositions actuelles de l'Europe, qui nous contemple, ni la constitution que nous nous sommes donnée le 9 août 1830 ni le choix que nous avons fait d'une nouvelle dynastie ne semblent devoir jamais nous être contestés.

Deux seules chances nous menacent:

Si nous ne respectons pas les droits d'autrui;

Si, ne respectant pas nos propres lois, nous ne savons pas nous gouverner nous-mêmes et tombons dans l'anarchie.

De ces deux écueils le premier est facile à éviter. Le droit des gens, qui nous commande ainsi qu'aux autres peuples, est une émanation du droit naturel. Nulle part la civilisation ne peut s'y soustraire, et c'est en France que la civilisation a jeté ses racines les plus profondes.

En serait-il autrement du second écueil? Serait-il dit qu'après quarante années de réflexions et de tâtonnement, aidés de tant d'expériences et guidés par tant de lumières, nous n'aurions pas su nous mettre d'accord avec nous-mêmes et transiger sur nos prétentions respectives, alors surtout qu'elles ne se heurtent plus que sur des conditions accessoires ou que, pour mieux dire, elles ne s'exercent que sur des malentendus?

Car enfin, à part la grande querelle sur la *légitimité*, qui ne peut être rendue sérieuse que par nos discordes et par l'excès des maux dont elles seraient suivies, il ne subsiste plus rien dans le débat qui puisse aigrir des cœurs français, rien qui puisse blesser l'honneur national ou faire germer dans les âmes de vieux levains de haine et d'exaspération.

Soyons unis.

A ce seul prix tout sera *légitime*. Nul ne protestera contre le bonheur qu'aura ramené pour tous la concordance des opinions sur la seule économie politique qui nous convienne.

Économie politique, ce mot renferme tout. Nous l'entendons du *gouvernement pratique*, soit du régime administratif, de la protection des arts, de la suppression des monopoles, d'une judicieuse répartition de l'enseignement , du travail imposé à tous , encouragé et surtout dirigé , de la circulation du crédit rétablie par des signes d'échange dûment hypothéqués.

Nous l'entendons plus spécialement encore cette économie politique, pour le temps présent, du retour immédiat et de la permanence de cette foule de consommateurs sans lesquels l'abondance des produits n'est qu'un surcroît de misère.

Assurer ce retour est le chef-d'œuvre de la haute administration.

L'ordre public à l'intérieur en est le précurseur obligé ; il n'est personne qui ne le conçoive et qui ne vote pour la garantie la plus prompte de son imperturbable stabilité.

Cette garantie d'un ordre stable c'est à nos institutions qu'elle doit être demandée.

Instituons donc au plus tôt un ordre social qui mette tous les intérêts en sécurité , les intérêts moraux aussi bien que les intérêts matériels ; ceux des grands propriétaires , des nobles et dignitaires de même que ceux des autres citoyens , des hommes utiles et laborieux qui s'occupent de la production. Ils ont besoin les uns des autres ; qu'ils trouvent leur appui mutuel dans l'harmonie des règles applicables à tous.

Abdiquons à l'instant ces préjugés vulgaires qui dans des temps d'ignorance ou de révolution avaient fait des rangs élevés autant de postes hostiles , menaçans pour la liberté , et de leurs possesseurs une classe de *suspects*.

Moins que jamais de pareilles préventions peuvent être inspirées : tout motif en a cessé ; toute puissance féodale est abolie ; aucune émigration ne recrute de satellites étrangers ; les intrigues , les espérances de la restauration sont sans accès auprès du nouveau roi ; sa nouvelle dynastie les repousse pour ne faire place qu'aux partisans de la constitution par laquelle il existe.

Loin de prendre ombrage de ces sommités désormais inoffensives, loin de repousser de l'ordre civil aucune de ces supériorités nées ou à naître sous le niveau de l'égalité des droits, hâtons-nous au contraire de proclamer ces prérogatives nominales , ces illustrations de noms , ces distinctions de rang sur lesquelles s'échelonne toute société ; ainsi que dans la nature elle-même, et malgré l'identité des espèces, des différences notables se font remarquer.

Quoi que vous fassiez après tout, ces inégalités de condition, contre lesquelles vous voudriez vous raidir aujourd'hui, se reproduiraient demain aussitôt que vous les auriez détruites. Le plus sage est de les accepter en l'état de possession où vous les trouvez. L'intérêt du pays vous prouvera bien vite que tout est à gagner, pour les masses dans la multiplication de ces classes éminentes, condamnées par la loi même de leur élévation à s'environner d'un attirail de représentation dont les frais vous sont payés.

Plus le nombre croîtra de ces grands consommateurs, plus le peuple aura de travail et sera dans l'aisance.

Ce ne sera pas assez de voir sans déplaisir dominer sur la scène et y pulluler ces rejetons de races antiques, ou à leur *instar* ces implantations récentes réservées à la vertu et aux services.

A côté de ces gros propriétaires, et pour les mieux disposer à user de tout leur revenu, j'apposterais une de ces compagnies de commerce dont la spéculation est de garantir toutes les espèces de valeurs. Je porterais ces spéculateurs à un nouveau genre d'assurance, celle de la solvabilité des fermiers et de la ponctuelle prestation des fermages à jour fixe.

Ce principal foyer des consommations de luxe une fois rétabli, soyez certains que de proche en proche l'aisance descendue les étendra, tant est naturel chez nous le désir de l'imitation, tant sera déterminante l'ambition de figurer à l'égal de toutes les notabilités reconnues.

Reprenant en sous-œuvre la classification de ces notabilités, l'économie politique les réclame indistinctement dans tous les états modernes dont le commerce est devenu le plus puissant ressort et par le principe posé qu'à côté des producteurs il faut des consommateurs.

Elle les réclame plus impérieusement dans tous les grands états, où il y a surcharge de population, de productions, et dès lors nécessité d'un plus grand nombre d'emplois.

Plus impérieusement encore dans ceux de ces grands états qui malgré leur étendue et l'encombrement des volontés ont su se donner une constitution libre.

La république romaine avait ses patriciens.

L'Angleterre a ses lords et sa chambre des pairs.

La liberté du peuple est *un droit* qu'avec ses besoins et ses habitudes il est inhabile à conserver seul. Entre celui qui commande au nom de la loi et ceux qui doivent obéir il faut des corps intermédiaires qui aient toute l'autorité, toute l'indépendance, toute l'application nécessaire pour la conserver.

On ne connaît pas en Turquie la distinction des rangs.

Déjà la France libre et commerçante a fort heureusement obéi au principe de l'économie politique; elle a conservé le corps de la noblesse; elle a institué une chambre des pairs; elle a fait bien plus, elle a voté des honneurs pour tous les hommes utiles. Les honneurs pour tous ces hommes ou vivans ou descendus dans la tombe ne peuvent être que des distinctions dont le prestige reflue sur leur famille.

Il est donc vrai de dire que chez nous la nature des institutions fondées d'accord avec notre économie politique comporte au plus haut degré l'inégalité des conditions, qui n'est pas l'inégalité des droits.

La liberté de tous ne peut pas exister sans la protection de plusieurs intéressés eux-mêmes à la défendre, et qui ne peuvent y réussir que par la force morale que donne la considération.

La considération. En France la seule richesse ne l'a jamais obtenue; son faste ne séduit que les yeux; son or ne pèse que sur les bassins de la balance. Ce sont les insignes consacrés par l'estime publique qui la confèrent comme une dignité.

L'ascendant des illustrations, l'influence des catégories d'exception sont donc des leviers commandés pour le soutien des masses.

Et remarquez combien déjà la Charte nouvelle a secondé notre économie politique en conservant l'ordre de la noblesse, en attribuant au roi le pouvoir *de faire des nobles à volonté* et de leur accorder des *rangs et des honneurs*.

Remarquez que, par cette investiture royale, une grande question, la question vitale du jour, celle de *l'hérédité*, se trouve forcément décidée.

L'hérédité. C'est le caractère de notre royauté nouvelle, c'est le caractère aussi de la noblesse ; elle en fait un ordre dans l'état, et cet ordre le prince est le maître de l'agrandir *à sa volonté.*

Il ne manquera pas d'appeler autour de lui le nombreux cortége de ces personnages distingués par sa faveur, par la loi et par l'opinion publique ; de père en fils un dévouement sans bornes lui sera assuré.

Avec l'exécution religieuse de la Charte, cette alliance du trône et de la noblesse n'aura jamais rien d'alarmant, les nobles n'ayant *aucune exemption des charges et des devoirs de la société* ; ils ne seront que *primi inter pares.* La suprématie qu'on leur concède n'a rien que d'onéreux pour eux-mêmes, rien qui ne tourne au profit de la communauté.

Mais si jamais des projets sont conçus de violer en quelques points le pacte de nos libertés, et s'ils le sont du bord de la couronne, qui nous répondra d'une efficace résistance ? Où en trouverons-nous la force ? voilà le problème.

Sera-ce dans la seule autorité d'une *chambre* ÉLECTIVE que le roi peut dissoudre à son gré, d'une chambre qui n'est pas permanente et dont les membres amovibles ou temporaires n'ont à bien dire aucune racine dans le pays ? Aucune responsabilité ne leur sera individuellement imposée ; ils n'auront entre eux aucune connexion. Le vote accidentel d'une majorité plus ou moins éclairée, plus ou moins consciencieuse et impassible, perdra tout en un jour en laisant chacun d'eux à l'abri du reproche ; ils pourront être le jouet d'une diplomatie aux mystères de laquelle ils ne sont pas initiés, etc.

Évidemment déjà la sauvegarde de nos libertés publiques ne peut pas être en eux.

Ces libertés d'ailleurs peuvent être mises en péril par l'exagération de leur principe, par l'excès même de la passion généreuse qui en fait son culte, par un écart de patriotisme. Le pouvoir exécutif sera là pour en profiter comme d'une faute, ou sans qu'il y ait collision le désordre s'introduira, l'action du gouvernement sera interrompue; il y aura anarchie.

Ici c'est une puissance intermédiaire entre deux pouvoirs qui peuvent abuser chacun de leur côté qu'il faut armer de la force nécessaire pour réprimer l'un et l'autre, pour les ramener à l'exécution ponctuelle de la Charte.

Cette puissance intermédiaire, qui est la clef de la voûte, qui n'a encore été révélée à aucun peuple telle que nous la concevons, nous l'avons sous la main, et nous l'avons avec des élémens qui nous permettent de lui confier la garde de nos libertés.

Nous l'avons dans la Chambre des pairs, dans la sublimité du rang qu'elle représente, dans la moralité et la consistance de ses membres, dans l'éclat des noms, le souvenir des services, la sainteté des mœurs, l'instinct national.

Nous l'avons avec les conditions rigoureusement requises de permanence, de stabilité, de droit de concours et d'opposition, de lumières et d'indépendance; avec l'inappréciable avantage d'une autorité toute formée, toute compacte, reconnue comme constitutionnelle et bien plus efficacement, comme étant dans nos mœurs comme la noble expression de la dignité de la grande famille des Français.

Ce bel ensemble nous avons trouvé le secret de le rendre impérissable précisément par cette condition qui est aujourd'hui si vivement disputée :
L'hérédité de la pairie!!!

L'hérédité de la pairie; elle est écrite dans la Charte; on veut l'en faire sortir par *le nouvel examen* de l'article 23 que la Chambre de 1830 a réservé à celle de 1831. On le veut avec une énergie d'exigence qui semblerait attester qu'il y a là un germe de lésion réelle, une cause imminente même de danger.

On le veut; s'entend-on bien pour le vouloir? N'y a-t-il pas dans les bons esprits qui se prononcent contre l'hérédité quelque préoccupation funeste ou quelque entraînement qui détourne de l'observation de ces deux règles fondamentales de toute institution, *l'utilité* et la *nécessité?*

Vis-à-vis de ces adversaires de bonne foi la question est grave ; elle doit être mûrement discutée.

Vis-à-vis de tous autres la controverse n'est qu'une pomme de discorde lancée au milieu de nous par les ennemis de notre repos, les ennemis de notre industrie et des prospérités nationales.

Avant d'entrer en aucune discussion pour ou contre la transmissibilité du titre de la pairie par droit héréditaire, deux points de départ doivent préalablement être bien fixés.

Le premier est la religion en quelque sorte que doit embrasser, la foi que doit professer ce premier corps politique, l'esprit dont il doit être animé pour l'accomplissement de sa haute mission, telle qu'elle est définie de *modérateur* né des intérêts du trône et des intérêts du peuple.

Le second est dans les deux spécialités désormais irréformables comme adoptées sans retour de la Charte de 1830, *l'hérédité du trône*, *l'hérédité de la noblesse*.

Pour fonder la religion de la pairie française, l'œuvre première doit être de séparer totalement ses intérêts des intérêts du trône, et de lui inspirer la prédilection des intérêts populaires pour tous les cas où il lui faudrait opter.

La séparation des intérêts doit commencer par l'indépendance la plus absolue où doit toujours être la pairie des volontés arbitraires du monarque : cette indépendance peut-elle lui être acquise autrement que par l'hérédité ? la nomination *à vie* ne serait-elle pas le sceau de la servilité ?

C'est sur ces deux résultats inverses que doivent singulièrement s'appesantir les méditations de nos publicistes.

Ce ne sera pas assez d'avoir mis la pairie française à l'abri des caprices ou des ordres arbitraires du monarque en la relevant de la dette d'une aveugle gratitude, ou la préservant de la crainte pour sa descendance d'une morose exclusion.

Il faut surtout la mettre à l'abri de ses *séductions* ; il faut déclarer la dignité de *pair incompatible avec tous emplois à la cour*, avec toute fonction déléguée par le prince sans le consentement de la chambre élective.

Il faut aller plus loin ; il faut que, de prime abord, la pairie française soit investie de droits ou plutôt de patronage qui la rattachent fortement à la cause populaire, et qui sans cesse lui imposent le devoir de la servir. La nomenclature de ces droits et devoirs de patronage est considérable ; la loi peut successivement y ajouter suivant les circonstances : la continuité de leur exercice entretiendra entre les pairs et le peuple des rapports habituels qui les identifieront les uns aux autres.

Quant au sentiment de prédilection il naîtra de l'initiative qu'aura la chambre élective dans la nomination à la pairie par la composition des listes sur lesquelles le roi devra choisir.

Rendue indépendante et populaire, la Chambre des pairs doit avoir en même temps un droit de censure à exercer sur les nouveaux membres dont l'ordre de succession ou le choix du prince aurait préparé l'admission. Elle pourrait, comme elle l'a déjà fait, exclure les *indignes* de son sein ; elle pourrait tenir à l'écart les *incapacités* constatées.

De cette manière la condition première, celle de *l'utilité*, serait remplie.

Passant à la seconde condition, qui n'est pas moins préjudiciable dans la discussion, celle de *la nécessité*, puisque les termes en sont posés, il n'y a rien à se dissimuler des deux antécédens notables, l'hérédité de la couronne, l'hérédité de la noblesse. Voilà dans la constitution actuelle de la France des parts réservées au sort, des installations fondées à perpétuité. Serait-il bien prudent de ne placer en opposition que des intérêts temporaires ? serait-il conséquent de ne commettre à la garde du dépôt sacré de nos libertés, incessamment menacées par la triple alliance des armes, des finances et de la diplomatie, que des sentinelles à vie qui n'auraient pas le mot d'ordre à transmettre à leurs successeurs ? Où serait cet esprit de corps qui seul résiste à la lime du temps, qui seul échappe aux vicissitudes, aux fluctuations diverses ? vous auriez contre votre avenir des envahisseurs à poste fixe, et vous n'auriez pour sa défense que des champions éphémères dont les actes iraient se perdre dans le néant.

Abstraction faite de ces prémisses constitutionnelles d'hérédité, dont la conséquence est revendiquée pour la pairie, cette hérédité n'est-elle pas la plus forte et la meilleure de toutes les garanties? N'est-elle pas le symbole de la durée et de l'uniformité? le ciment naturel des droits acquis? La nature par ses reproductions ne semble-t-elle pas en avoir tracé la leçon à tous les êtres comme pour consolider la civilisation sur des bases immuables?

Interrogez les temps anciens, les vieilles annales de la pairie de France aux années 1467, 1484, 1506, lors de ces séances si célèbres des derniers états-généraux, vous y découvrirez la pairie ou héréditaire dans les familles ou inhérente à certaines dignités de l'état ou de l'église, quelquefois même à de grands domaines dont la noblesse conservait la possession. Appelés dans ces assemblées de la nation par des titres préexistans, des grands vassaux y luttaient contre le souverain.

Interrogez les cent soixante-dix années de l'interrègne que la révolution de 1789 a remplacé, quel spectacle frappera vos regards, si ce n'est l'image de l'hérédité? Les parlemens de France s'emparent d'une partie des pouvoirs dévolus aux états-généraux, dont les ministres inquiets de monarques absolus éludent la convocation; les membres de ces corps judiciaires tiennent leurs provisions du roi, mais les titres en sont une propriété transmissible. L'esprit de corps naît du sentiment de cette propriété, les parlemens réduisent l'autorité royale à se déployer dans des lits de justice, par lettres de jussion ou par des exils, moyens extrêmes dont la répétition lui a été si funeste.

Qu'aurait donc après tout de si antipathique pour l'opinion de ses antagonistes cette hérédité de la pairie devenue vraiment nationale, faisant suite à celle du trône et de la noblesse, alliant les noms héroïques de notre âge aux noms antiques?

Est-ce comme signalant une forte inégalité dans les conditions soit des pouvoirs, soit des individus, qu'elle les importunerait? Encore une fois cette inégalité

BIBLIOTHÈQUE R. F.

n'existe que pour *l'utilité* commune, que par *nécessité*. C'est la forme même de notre gouvernement représentatif qui nous force de l'accepter, et c'est notre propre intérêt qui nous y convie; et cet intérêt n'est pas une vaine théorie, c'est une réalité; c'est le maintien de notre existence politique, c'est l'érection d'une hiérarchie qui alimente, qui enrichit notre commerce, qui imprime le mouvement à la société et donne la vie à la population entière.

Dans la balance des pouvoirs ce qui l'emportera toujours c'est le vote annuel des impôts, c'est la confection des lois, qui ne peuvent exister que par la concession de la chambre élective.

Dans la condition des individus il y aura toujours une assimilation parfaite sous le rapport des droits civils et politiques, des devoirs et des charges. Partout et dans tous les rangs l'homme jouira de son indépendance légale, de son admissibilité à tous les emplois, en raison de sa capacité naturelle ou acquise.

Au-delà vouloir plus d'égalité, c'est vouloir l'impossible, c'est poursuivre une chimère, et par cette poursuite troubler la paix intérieure, empêcher le bonheur commun.

Est-ce à des réminiscences fâcheuses, à des rapprochemens inofficieux que la dissidence subordonne la solution?

Quand les causes ont cessé il devient pour le moins inutile de se rejeter sur les effets. Le contact de la pairie avec la cour par les emplois n'a plus lieu; les abus qu'il a pu engendrer ne sont plus à craindre; notre proposition est que la loi organique proclame une incompatibilité qui leur ferme à jamais la porte.

Que si les réminiscences étaient dirigées plutôt par la justice et par la vérité que par la malveillance, quelle série de faits honorables pour la pairie, d'actes d'opposition courageuse, de refus de lois anti-nationales surprises à la chambre élective; quelle suite de services n'aurait-on pas à récapituler dans cette révision du passé! Que n'a-t-on pas à espérer d'un pouvoir qui, alors que les intrigues ministérielles travaillaient à le corrompre ou à l'altérer, a su demeurer fidèle à ses devoirs, et le premier défenseur des libertés publiques !

Mais, dit-on, c'est la loi constituante d'août 1830 qui a soumis l'article 23 de la Charte à *un nouvel examen*, et les députés de 1831 ont reçu des colléges électoraux le *mandat exprès* de voter contre l'hérédité de la pairie.

Ici l'argument a deux branches bien distinctes :

1° Le vœu de la constitution elle-même pour un nouvel examen de l'article 23 ;

2° Le mandat impératif des colléges.

Un nouvel examen ordonné de quelque disposition législative que ce soit, pour peu qu'elle soit complexe, est loin d'en comporter l'abrogation, soit pour le tout, soit pour aucune partie *déterminée*. Le nouvel examen suppose uniquement que l'article a été jugé susceptible de quelques modifications dans son ensemble de rédaction, dans les nuances qu'elle présente, sans rien innover sur le fond du droit et pour régler seulement l'exécution.

Les modifications entendues, si aucunes l'ont été par avance, ne seraient censées praticables que dans le cercle où elles se trouveraient en harmonie avec les autres parties du système constitutionnel, telles que la royauté et la noblesse héréditaires.

En ce sens l'hérédité, écrite en l'article 23, serait virtuellement conservée ; ce ne serait pas en ce point qu'il pourrait être changé.

On satisfait amplement au prescrit de la constitution de 1820, pour le *nouvel examen* de son article 23, par les nombreux amendemens proposés plus haut : ils sont assez substantiels.

Séparation des intérêts de la pairie et des intérêts de la couronne.

Nomination des nouveaux pairs sur une liste de présentation de la chambre élective.

Vérification de capacité pour l'admission des successibles ou des présentés.

Devoirs de patronage et de protection envers les hommes utiles, les faibles et les opprimés.

Il y a là matière à une loi organique de la plus haute importance.

Quant à l'objection du *mandat* des colléges supposé *impératif*, ce ne sont pas les publicistes, exercés par l'étude de notre droit public fondé depuis 1789, qui entreprendront jamais de la faire accueillir. Elle a été trop victorieusement combattue par les plus beaux génies que la révolution ait mis en travail depuis quarante ans.

Si jamais il se pouvait que les élus sous condition se considérassent comme liés à un vote électoral, émis par anticipation, c'en serait fait de nos assemblées délibérantes, c'en serait fait de leurs œuvres passées, présentes et futures; c'en serait fait de tout système de gouvernement: nous aurions *l'anarchie constitutionnelle*.

En dehors du débat politique et dans la région secondaire du pur droit civil, la controverse dénonce avec amertume l'institution des majorats comme un monopole féodal ressuscité dans le droit d'aînesse, comme un privilége destructif de l'égalité du partage entre enfans.

Autre chose est le prétendu retour du fantôme ; autre chose l'inégalité dans les partages.

Le droit d'aînesse déféré par puissance de fief est aboli avec le régime entier de la féodalité. Le droit d'aînesse attributif des majorats prend sa source toute nouvelle dans la constitution même d'une chambre héréditaire : il n'est créé que pour assurer l'indépendance de la dignité. Qui veut la fin veut le moyen.

Ce droit sans doute à son tour constitue une véritable aristocratie; mais cette aristocratie-là, telle qu'elle est organisée plus haut, n'emprunte rien au code seigneurial aboli; elle ne ressuscite ni les foi et hommage, ni les aveux et dénombremens, ni les corvées, ni les champarts : elle est tout simplement *l'aristocratie des richesses*, et celle-là, on le répète, elle est nécessaire au soutien de notre édifice social; elle est la base de notre économie politique.

L'inégalité du partage entre enfans d'un même père est assurément un abus dans l'ordre de la nature; mais la loi civile s'en est rendue complice en créant pour la ligne directe elle-même et pour tous les citoyens indistinctement le droit de prélèvement ou le privilége de la *portion disponible*.

Il y a à la décharge du privilége des majorats cette prodigieuse différence que jamais il ne s'exercera qu'une fois dans la famille d'un pair de France, et que son exercice ne sera pas sans compensation pour les enfans puînés dotés eux-mêmes par une sorte d'accession des honneurs de la pairie.

Ici revient encore la loi suprême qu'il faut subir, celle de la *nécessité*.

Notre Charte est assise sur les deux grandes colonnes de la *propriété* et de l'*industrie*. Nous y avons rattaché les pouvoirs : celui qui a l'emploi de défendre et de conserver a besoin d'autant de stabilité que celui qui gouverne avec d'immenses moyens d'agir. La stabilité de possession c'est l'hérédité qui l'assure. Elle est *nécessaire* surtout à celui des trois pouvoirs qui contrôle les deux autres.

Toute la discussion doit être ramenée dans ce cercle d'équilibre.

S'il y a des forces à porter sur quelque point trop faible ce ne peut pas être du côté de la couronne, dont les attributions *légales* suffisent pour l'exécution de lois : ce qui lui manque c'est qu'elles soient respectées.

Déjà le roi lui-même dans sa réponse à la Chambre des pairs, par des paroles aussi dignes que judicieuses et désintéressées, a appelé sur elle *la confiance publique;* il a voté pour *l'indépendance de ses hautes fonctions,* pour *l'efficacité nécessaire à la conservation des libertés nationales et au maintien de l'équilibre des pouvoirs constitutionnels.*

L'auteur de ces paroles vraiment royales est le prince dont l'enthousiasme des trois jours anniversaires vient de reconnaître le dévouement sincère à la cause du peuple.

De toutes parts néanmoins des antipathies profondes se déclarent contre l'hérédité de la pairie; ses ennemis sont nombreux et puissans ; ils sont loin toutefois d'exprimer la volonté de la nation, dont ils arrangent les destinées à leur manière ; ils sont loin surtout d'adapter leurs opinions à l'esprit de la Charte améliorée et close, à son texte désormais irréformable quant à la constitution essentielle des trois pouvoirs ;

aux *besoins présens* du pays, qui sont la paix au dehors, et au dedans l'activité de l'industrie.

Pour le succès douteux de leurs théories ils ébranlent de nouveau la société française jusque dans ses fondemens; ils remettent tout en question, ils recommencent la révolution.

L'imagination recule épouvantée devant l'abîme d'incertitudes vers lequel ils nous précipitent.

Le génie national s'irrite de ces tenaces résistances à l'adoption des bases du gouvernement anglais de 1688: il y voit le jeu masqué de quelques ressorts éloignés.

Il s'afflige au souvenir des lamentables infortunes dont l'imprévoyante constitution de 1789, que l'on voudrait ressaisir, a été la source.

Au lieu de s'agiter dans le vague contre une *inégalité de conditions* qui est dans la nature, que la civilisation admet et qui importe au salut de tous, que ces esprits ardens, intrépides et qui ont une grande portée dirigent leur colère contre une certaine *inégalité* qui est vraiment monstrueuse et qui depuis bien long-temps leur est signalée.

Celle-là est une lésion grave des *droits de tous*, une exemption usurpée des *charges publiques*, une fraude faite à la loi, fraude jusqu'ici impalpable quoique répétée, impunie quoique odieuse et très aggravante.

Deux mots vont les mettre sur la voie; puissent-ils les relever assez énergiquement pour éveiller au plus haut degré la sollicitude des législateurs, et leur inspirer la courageuse résolution de combler par une mesure extrême mais juste le déficit de nos finances, plaie qu'il n'est pas moins urgent de cicatriser que celle du malaise général.

Tous les revenus des particuliers doivent à l'état, pour prix de la protection que leurs possesseurs en reçoivent, un impôt proportionnel. Cette dette est une charge publique qui doit être supportée par tous, *par égalité*, c'est à dire en raison des facultés respectives de chacun, ou des avantages dont le gouvernement le fait profiter.

Celui qui cherche à se soustraire à cette charge commune commet envers les autres contribuables un vrai

larcin, un délit public dont la société a intérêt de poursuivre la répression.

Ici l'intérêt est immense, il est incalculable : le nombre des fraudeurs de l'impôt est infini ; le silence de la
loi pénale les encourage ; la tolérance funeste de nos
mœurs semble leur garantir l'impunité. Ils en ont eu
de tout temps une possession si paisible qu'ils n'ont
même plus la conscience du mal et que toute tentative de les replacer sous le niveau est à leurs yeux un
acte de folie, une inquisition odieuse, une révol-
tante injustice.

Dans un pays comme la France, où les richesses mobiliaires sont si accumulées, celles de *portefeuille*, de
rentes sur particuliers ou sur l'état sont d'un revenu
incommensurable. A la faveur du mystère qui couvre
la création de ce revenu, qui rend sa possession invi-
sible, ses mouvemens occultes et ses élémens impal-
pables, le rentier, au front serein, ou multiplie ses
jouissances, ou entasse ses valeurs sans rien verser
à la caisse commune.

Cette caisse néanmoins reçoit le tribut de tous les producteurs, celui que les gens de travail prélèvent sur
leur salaire et jusqu'à l'obole du pauvre.

On paie l'impôt des revenus sous le chaume, on ne
le paie pas sous les lambris dorés.

Encore si l'opulence, échappant à l'impôt *direct*, pre-
nait des développemens progressifs en dépenses qui
correspondissent toujours à la quotité de ses revenus,
l'état retrouverait, par les contributions *indirectes*, une
partie du moins de ce qu'il perd sur le revenu.

Mais l'opulence le plus souvent poursuit dans ses
dépenses, en les restreignant, son système de dissimu-
lation : elle s'y applique surtout dans les temps de trou-
bles et de révolution. Le trésor est frustré en même
temps que les consommations sont réduites et la circulation appauvrie.

Des manies de thésauriser ou se contractent chez les
uns par la peur, ou sont innées chez les autres, esclaves
d'une stupide avarice.

Ainsi arrivent à leur comble les pertes pour l'état et
les privations pour la multitude.

En dernière analyse ce sont les deniers péniblement obtenus des petites fortunes et des sueurs du pauvre qui, dans un état libre et sous la loi de l'*égalité*, fournissent seuls aux frais de la force publique et de l'administration. Et quelle est la chose qui en reçoit le plus de protection? La propriété mobiliaire des fraudeurs de l'impôt.

Voilà un foyer de monopoles à détruire, un antre de fraudes à purger, une violation flagrante du principe sacré de l'*égalité des droits*.

Que toutes les âmes généreuses, tous les esprits élevés, tous les courages se coalisent pour faire incessamment cesser ces monstrueux abus.

La puissance de répression est aux mains des législateurs.

Dans les grandes crises il est permis, il est temps, il est urgent de l'exercer, même avec sévérité.

Dans leur sagesse ils sauront bien allier la rigueur avec la justice.

Ils ont pour atteindre les fortunes de portefeuille à prendre leur régulateur dans les us et coutumes de certaines contrées où les cotes de contributions sont assises sur la seule *déclaration du contribuable*, qui fait connaître l'importance de son revenu.

Au-delà de cette déclaration aucune taxe publique n'est exigée; mais si elle est reconnue inexacte, les excédens de revenus frauduleusement soustraits à l'impôt sont arbitrairement saisis, suivant la gravité des réticences.

Ce code financier, dans sa simplicité du premier âge, recèle un sens profond d'équité et de salutaire rigueur. Peut-être s'il n'est pas pris pour modèle y puisera-t-on du moins une utile leçon.

Peut être dans un siècle où les intérêts matériels sont si dominateurs, ce mode de nivellement qui les force de rentrer dans les limites de la loi ne sera-il pas perdu pour la morale publique.

Souffrante et attentive la France attend avec anxiété de ses derniers délégués, sortis d'un plus large creuset électoral, la fin de ses maux.

L'Europe les contemple; la postérité les jugera.

www.ingramcontent.com/pod-product-compliance
Lightning Source LLC
Chambersburg PA
CBHW061816060726
47597CB00008B/3222